Schätze am Weg

Ein Spaziergang durch den Landkreis Konstanz

Schätze am Weg

Ein Spaziergang durch den Landkreis Konstanz
mit Robert Maus, fotografiert von Otto Kasper und Hans Noll

Bildtexte Ursula Wolf • Architektur und Kunstwerke
Gisela Auchter • Landschaft

Verlag Stadler

Mein Spaziergang

Die Idee ist alt. Schon vor 12 Jahren wurde mir nach meinen zahlreichen Besuchen in den Städten und Gemeinden des 1973 neu gebildeten Landkreises Konstanz bewußt, daß sich hier unendlich viele Kunstwerke befinden, von denen die Menschen nur wenig Kenntnis haben.

Ich faßte den Entschluß, diese Kunstschätze aufzuspüren, fotografieren zu lassen und dem Kreistag die Herausgabe eines entsprechenden Bildbandes zu empfehlen. Ich sah darin sowohl eine sinnreiche Ergänzung zur sogenannten amtlichen Kreisbeschreibung, die gerade mit dem 3. Band abgeschlossen war, als auch ein Mittel, die Menschen besser über die Kostbarkeiten ihrer Heimat zu informieren, sie dadurch näher zusammenzubringen und einen Beitrag zur Schaffung des immer noch vermißten allgemeinen Kreisbewußtseins zu leisten.

Ich bat den mir seit seiner Kindheit bekannten, inzwischen arrivierten Fotografen Otto Kasper, bestimmte Kunstwerke zu fotografieren, vor allem jene in den Schatzkammern der Kirchen.

Otto Kasper fotografierte seither, wann immer sich die Gelegenheit dazu bot, und seine Sammlung nahm schnell große Ausmaße an.

Als ich dann 1985 zur Realisierung der Idee schreiten wollte, bewegte mich mein Verleger, zunächst das Buch „Daheim im Landkreis Konstanz“ herauszugeben.

Das geschah 1986 und erwies sich als richtig, was durch die soeben erschienene 2. Auflage deutlich wird.

Trotzdem ging mir der Gedanke an die Publikation der Kunstwerke nicht aus dem Kopf, zumal mir Otto Kasper immer wieder über die wachsende

Zahl seiner Aufnahmen berichtete. Schon 1990 war mir aber klar, daß ich dem Kreistag die Herausgabe eines weiteren Buches nicht mehr vorschlagen konnte, die Finanzlage ließ dies bereits damals nicht mehr zu. Mein Bedauern darüber äußerte ich gegenüber vielen Freunden. Mein Verleger verwies in vielen Gesprächen, die wir führten, immer wieder auf die hohen Kosten eines solchen Vorhabens und damit auf den hohen Ladenpreis. Das Buch sollte aber für alle interessierten Menschen bezahlbar sein. Ein vom Landkreis aufgebrachter Zuschuß hätte den Verkaufspreis erheblich gesenkt, was aus den genannten Gründen ja nicht mehr möglich war. Im Gespräch mit Freunden entstand die Idee, den fehlenden Zuschuß des Kreises durch Förderer aufzubringen, um das Buch zu einem erschwinglichen Preis für alle auf den Markt zu bringen. Die Fördermittel sollten ausschließlich den Käufern zugute kommen.

Wenn ich nun diesen Spaziergang mache, kann ich natürlich nicht alles zeigen, sondern ich muß auswählen. Die Auswahl mußte selbstverständlich subjektiv ausfallen, dennoch bin ich sehr sorgfältig vorgegangen, und sie bedeutet keine Wertung. Ich möchte in diesem Buch nicht nur die Schätze zeigen, sondern dazu anregen hinzufahren, sie zu besichtigen, über sie nachzulesen, denn ich kann in diesem Rahmen nur unvollständige Hinweise geben. Neugierig will ich die Leser machen und sie dazu bewegen, den Landkreis einmal nicht in Zahlen über Einwohner und Arbeitsplätze und ähnlichem zu sehen, sondern mit den Augen eines die Schönheiten suchenden Spaziergängers.

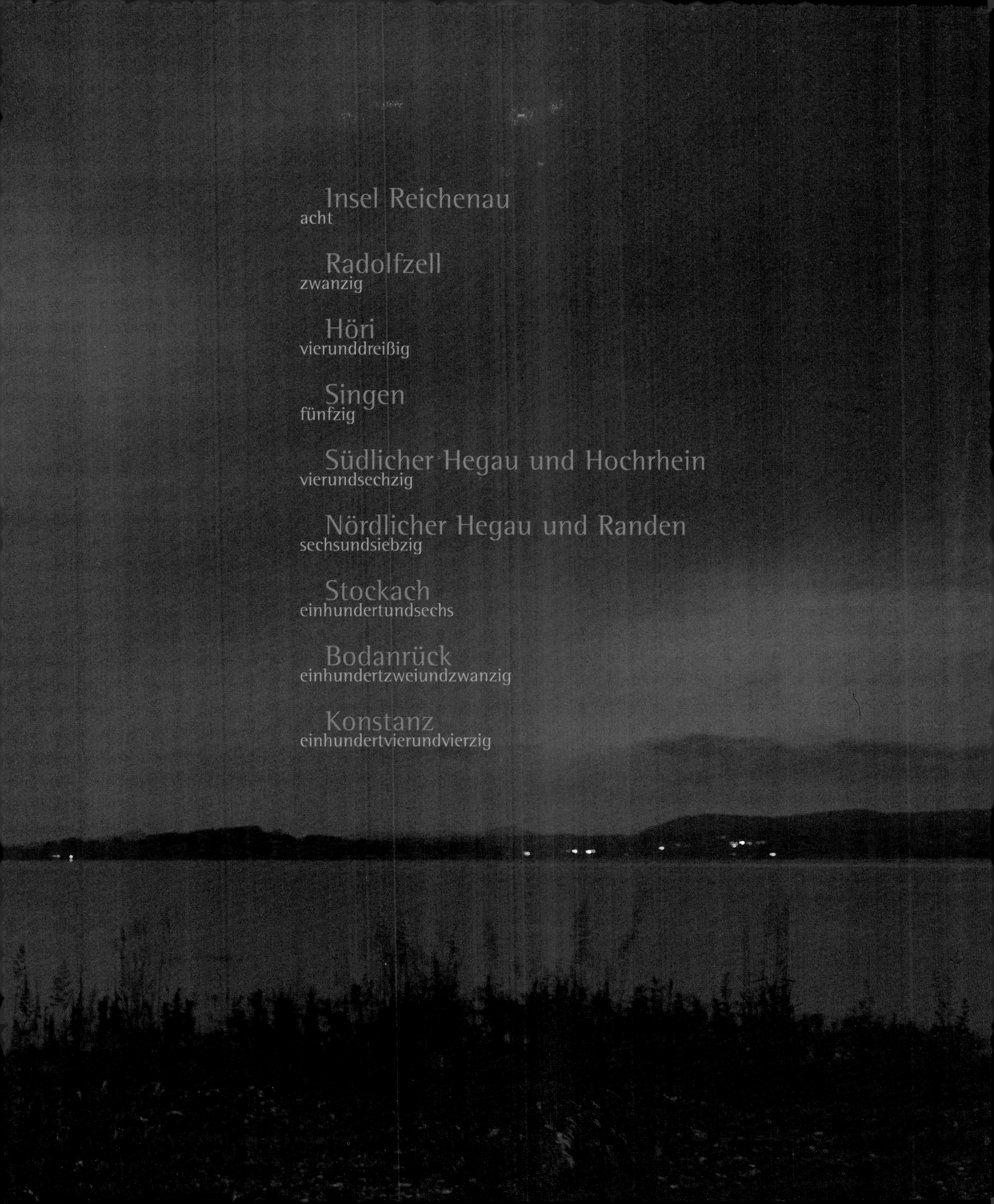

Insel Reichenau

Wiege europäischer Kultur

Ich weiss, dass viele dieser Schätze unserer Heimat nicht frei zugänglich sind, in Museen und Schatzkammern bewahrt werden, aber ich weiss auch, dass viele Dörfer, Burgruinen und Kirchen nur einfach nicht bekannt sind. Deshalb will ich den Versuch wagen, einige wenige, mir am wichtigsten erscheinende Schätze herauszuholen aus ihrer Verborgenheit, sie ins Licht zu stellen und all jenen Menschen zu zeigen, die ein Auge dafür haben und sich mit mir über die Kostbarkeiten meiner Heimat freuen. Ich will dabei einen Spaziergang durch den Landkreis machen und schauen, die Augen weit aufmachen, die Landschaft geniessen, ihre Schönheit aufsaugen und auf mich wirken lassen. Wenn Sie wollen, dann gehen Sie mit mir.

Wo beginnt man mit einem solchen Spaziergang? Entweder in Konstanz oder auf der Reichenau, den beiden wichtigsten Wurzeln unserer Kultur. Ich entschliesse mich für die Reichenau, weil ich in Konstanz meinen Spaziergang beenden möchte, der Stadt meines 24jährigen Wirkens, dort, wo mein Berufsweg am Benediktinerplatz zu Ende gegangen ist.

St. Pirmin vertreibt das Gewürm.
Ölgemälde von 1624
Insel Reichenau, Münster
St. Maria und Markus, Mittelzell

Der aus irofränkischer Herkunft stammende Pirmin gilt als Gründer des Reichenauer Inselklosters. Im Jahre 724 soll er hier angekommen sein, um ein Kloster zu errichten. Noch heute hängt im Münster das Jubiläumsbild (900-Jahr-Feier) mit der Schilderung der Ankunft. Alles giftige Gewürm, Sinnbild der Dämonenfurcht, verläßt die Insel.

SANCTVS PIRMINIVS
FVNDATOR HVIVS
MONASTERII ANNO
DOMINI. VII·XXIIII·

St. Georg, erbaut unter Abt Hatto III. (888–913), bauliche Veränderungen vom 10. bis 15. Jahrhundert, Oberzell

Die Baugeschichte der wegen ihrer ottonischen Ausmalung berühmtesten der drei Reichenauer Kirchen ist außerordentlich kompliziert. Die erhaltene Kirche besteht aus einer Vorhalle, einer Westapsis, einem dreischiffigen Langhaus mit Seitenschiffen, die in Apsiden enden, sowie einem geraden Chorabschluß.

Betreten wir die Insel Reichenau, blickt uns ein wenig trutzig das wohl älteste sakrale Bauwerk entgegen, das uns erhalten geblieben ist: St. Georg in Oberzell, ein überwältigendes Zeugnis mittelalterlicher Hochkultur.
Staunend bewundere ich die in jüngster Zeit restaurierten Fresken aus dem 10. Jahrhundert. Meisterwerke von Weltbedeutung.

Das Mittelschiff des schlichten Raumes ist vollständig mit polychromen Wandmalereien bedeckt. Die monumentalen Szenen verweisen auf die biblische Botschaft, auf den Sieg Jesu über Naturgewalten, Krankheiten und Tod.

St. Georg, nördliche Hochwand. Sturm auf dem See. 10. Jahrhundert

St. Georg. Blick vom Mittelschiff zum Chor

Architektur und Wandmalerei bilden eine untrennbare Einheit. Die Bilder waren keineswegs nur Schmuck, sondern Ausdruck einer geistigen Haltung. Die Fresken sind, trotz Einbußen im Chor und in den Seitenschiffen, ein großartiges Denkmal mittelalterlicher Ausstattung. In den Zwickeln sehen wir die Porträtmedaillons von Äbten; die Bilder der Wunder Christi an der

Hochwand sind von einem
prächtigen Mäanderfries
gerahmt; schreitende Apostel
schmücken die oberste Zone.

Münster St. Maria und Markus. Erbaut, erweitert und verändert vom 8. bis 15. Jahrhundert

Der Blick vom Langhaus zum Chor zeigt die uneinheitlichen Bauabschnitte: das basilikale Mittelschiff der Spätromanik; den offenen Dachstuhl des 13. Jahrhunderts; der Ostchor der späten Gotik.

Ehrfurcht erfasst mich beim Betreten des Reichenauer Münsters. Die bekannte Geschichte dieses Gotteshauses, dieses einst hochangesehenen Klosters, das Kaisersöhne erzogen und auf die Kanzlerschaft des hl. römischen Reiches deutscher Nation vorbereitet hat, will ich nicht erzählen. vielmehr will ich die Schätze der Kirche, vor allem der Schatzkammer, ans Licht holen.
Schauen und staunen! Gedankenverloren, doch heiter und immer noch tief beeindruckt von solcher Pracht setze ich meinen Weg dem Ufer entlang fort hinunter nach Niederzell zur dritten der bedeutenden Reichenauer Kirchen, die den Aposteln Petrus und Paulus geweiht ist.

Das als Kopfform gebildete Reliquiar deutet an, daß sich darin ein Schädelpartikel des Apostels befindet. Solche Schätze wurden am Festtag des Heiligen zur Schau gestellt und bei Prozessionen mitgeführt.

Büstenreliquiar des heiligen Bartholomäus von 1300. Schatzkammer

Reliquienschrein der heiligen Fortunata, 14./15. Jahrhundert. Schatzkammer, Münster St. Maria und Markus

Die Schatzkammer birgt zahlreiche Kunstschätze unterschiedlicher Epochen. Von herausragender Bedeutung sind die Reliquienschreine, hausförmige Särge als Sinnbild für die himmlische Wohnung der Gerechten.

An den Längsseiten sind die Apostel mit ihren Attributen dargestellt, hier Thomas, Matthäus und Petrus.

Apostel. Ausschnitte aus dem Schrein der heiligen Fortunata

St. Peter und Paul, 11. Jahrhundert, Türme 12. und 15. Jahrhundert, Niederzell

Bischof Egino von Verona ließ sich in Niederzell eine Zelle bauen, deren Kirche 799 geweiht wurde. 802 wurde Egino darin bestattet. Vom 12. bis 15. Jahrhundert war St. Peter und Paul Pfarrkirche für die auf dem Bodanrück gelegenen Reichenauer Orte. Auch ein Chorherrenstift gehörte zu Niederzell, das erstmals 1008 bezeugt ist und bis ins 16. Jahrhundert hinein

bestand. Die dreischiffige Kirche besitzt einen geraden Chorabschluß mit flankierenden Osttürmen. In der Barockzeit wurden die Fenster des Langhauses vergrößert. Das Innere hat, trotz des Rokokostucks von Dominik Wurz, den romanischen Raumeindruck bewahren können, der insbesondere durch die erhaltenen Fresken in der Apsis seinen künstlerischen Höhepunkt erlebt.

Radolfzell – freundliche Stadt am sanft geschwungenen Ufer des Untersees

Blickt man von der nördlichsten Spitze der Reichenau auf den Untersee, so weitet er sich zu unerwartet großer Wasserfläche. An seinem Ende liegt Radolfzell mit seinem hohen, spitzen Münsterturm als Wahrzeichen. Einst, vor mehr als 1000 Jahren, gründete der Veroneser Bischof Ratold hier die „Cella Ratoldi“ als Bleibe für sein Alter. Heute ist Radolfzell eine quicklebendige,

Radolfzell
Tor zum Bodensee

florierende Stadt. Der ehemalige Wehrgraben, jetzt blühender Stadtgarten, erinnert noch an die große Vergangenheit. Das lebhafte Treiben spielt sich ab zwischen Münster, Österreichischem Schlößchen und alten Bürgerhäusern. Aufgeschlossene, freundliche Menschen leben hier und halten allen Alltagsmüden verlockende Freizeitangebote bereit. Nicht zu Unrecht nennt man Radolfzell das Tor zum Bodensee.

Hausherrenaltar.
Münster Unserer Lieben Frau

Der um 1750 entstandene Rokoko-Altar erinnert an die Stadtpatrone Zeno, Theopont und Senesius; rechts der heilige Rochus. Die Figuren werden dem Konstanzer Bildhauer Sepp Herberger (1694 – 1760) zugeschrieben, das Altarblatt wurde von Joseph Spiegler (1691 – 1757) gemalt.

Viel liesse sich über Radolfzell sagen, aber auch hier liegen die bedeutendsten Schätze in der Schatzkammer des Münsters. Dort empfängt mich majestätisch der Hausherrenaltar mit den Stadtpatronen Theopont, Zeno und Senesius. Und wie auf der Reichenau weckt auch hier die Schatzkammer Staunen und Bewunderung in mir.

Der letzte Abt des Klosters St. Georgen in Stein am Rhein floh 1525, als in Stein die Reformation eingeführt wurde, nach Radolfzell, wo er starb und in der Pfarrkirche beigesetzt wurde.

Grabplatte des David von Winkelsheim (1499 – 1526). Münster Unserer Lieben Frau

Büstenreliquiar des hl. Zeno, wohl 15. Jahrhundert, Mitra 19. Jahrhundert, Münster Unserer Lieben Frau, Schatzkammer

Der Kopf mit einem Schädelpartikel Bischof Zenos von Verona (4. Jahrhundert) stellt eine besonders qualitätvolle Arbeit kirchlicher Goldschmiedekunst dar.

Der Schrein birgt die Gebeine der heiligen Theopont und Senesius. Anschauliche Szenen schildern das Martyrium der Heiligen, das Dach ist mit plastischen Figuren geschmückt.

Hausherrenschrein, 15./16. Jahrhundert. Münster Unserer Lieben Frau

Detail vom Hochaltar, 1891 von Josef Eberle (Überlingen) geschnitzt. Münster Unserer Lieben Frau

Der neugotische Altar übernimmt im Aufbau vorbildhaft gotisches Ideengut. Die Ikonographie des Weihnachtsbildes wiederholt die Tendenz der Spätgotik zum meditativen Andachtsbild.

1632 wurde in Radolfzell die Erzbruderschaft zum heiligen Rosenkranz eingeführt, die ihren eigenen Altar erhielt. (Weihe 1648). Der frühbarocke Altar wird der Werkstatt der Gebrüder Zürn zugeschrieben.

Rosenkranzaltar. Münster Unserer Lieben Frau

Österreichisches Schlößchen, 17./18. Jahrhundert. Münster Unserer Lieben Frau, 15./16. Jahrhundert. Radolfzell

Neben dem Münster ist das sogenannte Österreichische Schlößchen das eindrucksvollste erhaltene Gebäude der Altstadt. Sein Name bezieht sich auf den für die österreichischen Erzherzöge geplanten Wohnsitz in der vorderösterreichischen Stadt.

Ich trete aus dem Münster wieder ans Tageslicht: der Blick verfängt sich am barocken Österreichischen Schlössle mit dem markanten Treppengiebel.
Dieses Gebäude ist eng mit der Geschichte der Stadt verbunden.

Kaum bekannt ist die von Robert Seyfried glänzend gestaltete Bronzeplastik, die im Berufsschulzentrum des Landkreises am Mezgerwaidring einen trefflichen Standort hat. Sie stellt in senkrechter Anordnung die verschiedenen Berufe dar.

Die 16 Meter hohen Säulen mit ihren Figuren symbolisieren die verschiedenen Schulzweige, den Lehrkörper sowie die Berufe, die an diesem Ort erlernt werden können und Ziel der Ausbildung sind.

Robert Seyfried (1905–1991), Figurensäule, Bronze, 1982. Berufsschulzentrum, Radolfzell

Die Halbinsel Mettnau

Unter den Naturschätzen am Bodensee ist die Halbinsel Mettnau ein ganz besonderes Kleinod. Die idyllischen Reize des Untersees sind hier zum Greifen nahe: schilfbestanden, lang und schmal erstreckt sich die Halbinsel in den Untersee und scheidet Zeller- und Gnadensee. Vor nicht allzu langer Zeit noch überschwemmtes Land, seit 1938 ein außergewöhnliches Natur-

schutzgebiet, ist die Mettnau heute Lebensraum vieler Wasservögel und ein Paradies für Vogelkundler. Auch Heilungssuchende finden hier in einem Kurzentrum Ruhe und Erholung. Mitten in der Idylle das Scheffelschlößchen, in dem der Dichter Victor von Scheffel in selbstgewählter Einsamkeit seine späten Jahre verbrachte.

Herrliche Schätze liefert uns die Natur. Die Naturschutzgebiete der Halbinsel Mettnau und der Radolfzeller Aach-Mündung bei Moos sind eindrucksvolle Beispiele hierfür.

Im Mündungsgebiet der Radolfzeller Aach

Als sträube sie sich, endlich in den Zeller See zu münden, fließt die Radolfzeller Aach zwischen hohen Schilfwänden auf Umwegen, in zahlreichen Mäandern durch die Riedlandschaft zwischen Radolfzell, Moos und Singen. Gespeist wird sie auf „dunklen Wegen" vom Wasser der versickernden Donau. Dieses als „international bedeutend" eingestufte Naturschutzgebiet ist

Diese Gebiete stehen für viele andere unter Natur- und Landschaftsschutz gestellte Flächen, in welchen es noch eine intakte Umwelt gibt, an deren Schönheiten sich unsere Augen weiden können.

ein wichtiger Brut- und Mauserplatz für einheimische und durchziehende Wasservögel. Viele vom Aussterben bedrohte Tier- und Pflanzenarten finden hier noch Lebensraum. Die Erhaltung der Schönheit und Eigenart dieses Feuchtgebietes ist das oberste Ziel staatlicher und privater Naturschutzorganisationen, die sich hier gemeinsam engagieren.

Die Höri

Refugium für Künstler, Dichter und Denker

Frohen Schrittes folge ich dem Weg von Radolfzell zur Höri nach Horn. Ich gehe gleich hinauf zur Kirche St. Veit, wo ich wieder einmal geniesse, was das Auge imstande ist zu erfassen.

Abendstimmung über der Höri

Hoch über dem See, exponiert an der äußersten Spitze der Halbinsel Höri gelegen, trotzt die Pfarrkirche St. Johann und St. Veit in Horn dem Lauf der Zeit. Ein letzter Sonnenstrahl beleuchtet das Gotteshaus. Hier wäre der Großherzog von Baden nach eigenem Bekunden gern Pfarrer gewesen.

1717 erhielt Horn anläßlich des Neubaus der Kirche vom Konstanzer Domkapitel zwei doppelseitig bemalte Altarflügel geschenkt, die noch heute zu deren besten Ausstattungstücken zählen.

Antonius der Einsiedler und Bischof Konrad von Konstanz. Pfarrkirche St. Johann und St. Veit, Horn

Nicht nur Otto Dix und Erich Heckel, Curth Georg Becker und Jean Paul Schmitz und viele andere bedeutende Maler haben hier ihre unsterblichen Bilder geschaffen, sondern auch der Dichtermaler Hermann Hesse.

Heute ist immer noch etwas vom Charakter der damaligen Künstlerkolonie zu spüren, von dem sich auch Macketanz und Herzger haben inspirieren lassen und von dem bis in unsere Tage Rose-Marie Schnorrenberg, Rudolf Stuckert und Bruno Epple leben.

Otto Dix (1891–1969), Aufbrechendes Eis (mit Regenbogen über Steckborn). Mischtechnik, 1940. Otto-Dix-Stiftung, Vaduz

„Die Landschaftsmalerei war damals eine Art Emigration" (Dix, 1957) – diese persönliche Stellungnahme verrät seine Hinwendung zu Ideallandschaften mit symbolhaften Zügen, für die ihm als Vorbild die Bodenseelandschaft diente.

Lichte, heitere 63 Quadratkilometer umfaßt die Halbinsel Höri. Victor von Scheffel nannte sie ein „Meisterwerk des Weltenschöpfers“. Aber auch Rilke hat diese anmutige Landschaft, wo die „Dörfer wie ein Garten sind“, gepriesen. Dichter und Maler fühlten sich seit jeher von ihrer inspirierenden Kraft angezogen und machten sie zu ihrer Wahlheimat.

Blick über den Untersee zum Schweizer Ufer

Blick vom malerischen Ufer Gaienhofens hinüber zum schweizerischen Steckborn

Eine bewegte Geschichte hat die alte Gemeinde Gaienhofen geprägt. Im 12. Jahrhundert besaßen die Konstanzer Bischöfe hier Jagdrecht. Heute beherbergen die Mauern des vielfach zerstörten und umgebauten Schlosses eine Internatsschule.

Gaienhofen heute: markante Fachwerkhäuser, blühende Bauerngärten, lauschige Uferpartien, Schönheit und Stille.

Die Höri zwischen Untersee und Seerhein besitzt eine üppige und abwechslungsreiche Vegetation, auch bäuerliches Leben hat sich hier erhalten. Das Leben im Einklang mit der Natur regte die Künstler zum Malen idyllisch-idealer Bilder an. Das Rind gilt bereits in der griechischen Antike als Kulttier, das in der Bukolik der Hirten besungen wird.

Bruno Epple (geb. 1931), Bukolische Höri, 1977, Öl auf Leinwand. Privatbesitz

Die wenigsten Menschen in Deutschland verbinden mit dem Begriff »Bodensee« auch die herrliche Landschaft am Untersee, eine Kostbarkeit besonderer Art.

Curth Georg Becker (1904–1972), Sommermorgen am Untersee, Öl auf Leinwand, 1965. Landratsamt, Konstanz

In Beckers Œuvre nimmt die Landschaft eine zentrale Bedeutung ein. Seine Bilder der späten Jahre bezeichnen sich durch souveräne Pinselführung und lockere, fließende Farben aus. Obgleich die malerische Interpretation vorrangig ist, zeigen solche Ansichten topographisch genau bestimmbare Orte.

Segelboote, die das Bild beleben, Wolkentürme über blauem See: es ist Sommer, Zeit der Feriengäste und Wassersportler. Die wechselnden Farben des Himmels und des Lichts machen den Blick von den sanft ansteigenden Höhen, zu deren Füßen sich Wangen an das pappelbestandene Ufer schmiegt, besonders reizvoll.

Wangen – schon im Mittelalter ein Ort für Badegäste

Der Weg kann nicht weiterführen, ohne dass ich im Hermann-Hesse-Zimmer verweilt hätte. Gaienhofen hat dem Dichter in ihrem Heimatmuseum eine würdige Gedenkstätte errichtet. Und am Ende meines Wandertages suche ich noch einen anderen Schatz am Weg auf: das Otto-Dix-Museum.

Das Atelier von Otto Dix (1891–1969). Otto-Dix-Haus, Hemmenhofen

1936 zog Otto Dix in das vom Dresdener Architekten Arno Schelcher entworfene Haus, in dessen Obergeschoß sich das Atelier befindet. Staffelei, Malutensilien und Sammelgegenstände halten die Erinnerung an einen der bedeutendsten deutschen Maler des 20. Jahrhunderts wach.

Hermann Hesse

Weiße Wolken/O schau, sie schweben wieder/Wie leise Melodien/Vergessener schöner Lieder/Am blauen Himmel hin!/Kein Herz kann sie verstehen,/Dem nicht auf langer Fahrt/Ein Wissen von allen Wehen/Und Freuden des Wanderns ward./Ich liebe die Weißen, Losen/Wie Sonne, Meer und Wind,/Weil sie der Heimatlosen/Schwestern und Engel sind.

Der Schriftsteller Hesse lebte von 1904 bis 1912 in Gaienhofen. In seinem Arbeitszimmer, das heute Hesse-Gedenkstätte ist, werden zahlreiche persönliche Erinnerungsobjekte aufbewahrt, wie etwa seine auf der Indien-Reise 1911 getragene Jacke. Die Schreibmaschine, die er viele Jahre benutzte, hatte er in Konstanz gekauft.

Ehemaliges Arbeitszimmer von Hermann Hesse (1877 – 1962). Hermann-Hesse-Höri-Museum. Gaienhofen

St. Blasius, 16. Jahrhundert, Kattenhorn

Der kleine Rundbau, mit kleiner halbrunder Apsis, über dessen Westvorbau das Wappen des Konstanzer Bischofs und Kardinals Markus Sittikus von Hohenems sowie das Datum 1583 zu sehen ist, entstand möglicherweise unter Verwendung eines Turmes der 1520 erbauten Burg Kattenhorn.

Den neuen Tag beginne ich in Kattenhorn, gehe bergauf durch Obstgärten, vorbei an fruchtbaren Äckern und fetten Wiesen, hinauf nach Schienen, wo mich die Wallfahrtskirche in ihren Bann zieht. Wieviele hier gesprochene Gebete mögen wohl erhört worden sein? Und dann durch den herrlichen Wald zur Schrotzburg, deren Ritter angeblich »koni guete« gewesen sein sollen.

Die auf eine karolingische Gründung zurückgehende, ehemalige Klosterkirche ist eine Pfeilerbasilika ohne Querschiff. Ein Kuriosum sind die beiden Zifferblätter am Dachreiter. Zentrum des neugotischen, zierlichen Altares im südlichen Seitenschiff bildet das um 1430 entstandene Gnadenbild der Maria.

St. Genesius, 10./11. Jahrhundert, Umbauten im 16. Jahrhundert und um 1700. Schienen

Wandmalerei, um 1450. Nische im südlichen Seitenschiff. St. Genesius, Schienen

Adelige Herren von Schienen, angeführt von Ritter Ulrich, knien demütig vor dem Gnadenbild des Wallfahrtsaltares nieder.

In der Abgeschiedenheit der Wälder auf dem Schienerberg scheint der Bodensee in weite Fernen gerückt. Die hohen, schattenspendenden Buchen und Kiefern laden ein zum Wandern. Dieser Mischwald erfüllt aber noch eine weitere, wirtschaftlich wie umweltpolitisch wichtige Aufgabe: er sichert die Wasserressourcen für Schienen.

Mischwald auf dem Schienerberg – Erholungsgebiet und Wasserspeicher

Morgennebel über dem Aachried

Morgennebel, der dicht über dem Boden des Aachriedes liegt und aus dem sich Buschwerk und Bäume erheben, ist in dieser feuchten Niederung ein fast tägliches Naturschauspiel. Wir stehen hier auf dem Galgenberg bei Bohlingen. In die melancholische Stimmung dieses Anblicks mischt sich der Gedanke daran, daß wir auf blutgetränktem historischem Boden stehen.

Von 1497 bis 1803 befand sich Bohlingen im Besitz der Bischöfe von Konstanz, war Bohlingen Ort der niederen, später auch der Blutgerichtsbarkeit. Der Galgen, der dem Berg seinen Namen gab, stand noch im frühen 19. Jahrhundert an diesem Platz.

Singen am Hohentwiel
„Lokomotive" des Hegaus

Singen – junge Stadt am Hohentwiel

Die Szenerie am Fuße des Hohentwiel wird beherrscht von Singen, dem wirtschaftlichen Mittelpunkt des Hegaus. Zweckmäßigkeit, architektonische Sachlichkeit bestimmen das Bild der pulsierenden jungen Stadt mit dem St. Galler Bären im Wappen, Hinweis auf einstige Besitzverhältnisse. Reiche prähistorische Funde zeugen von einer 3000jährigen Besiedlungs-

Bevor ich auf der nördlichen Seite des Schienerberges hinunter nach Singen gehe, nimmt mich der melancholische Anblick des Aachriedes gefangen – unglaublich, einfach faszinierend – oder? Doch wohin soll ich nun zuerst? In die Stadt, Ort der Landesgartenschau 2000, oder hinauf auf den Hohentwiel?

geschichte. Doch führte Singen durch die Zeiten das Dasein eines verschlafenen Hegaudorfes, bis im 19. Jahrhundert die Eisenbahnen den Verkehr hierher trugen und damit die Ansiedlung bedeutender Unternehmen begünstigten, die vornehmlich aus der Schweiz kamen. Dies war der Ausgangspunkt für die rasante Entwicklung einer seit 1899 mit Stadtrecht ausgestatteten Industriestadt, deren Rhythmus heute von einem reichen kulturellen Leben mitbestimmt wird.

– natürlich auf den Berg, welcher der Stadt den Beinamen gegeben hat. Was könnte diese Burg erzählen! Ich denke natürlich an Ekkehard und Hadwig, den Kommandanten Widerholt, aber auch an die Menschen unserer Zeit,

Burgruine Hohentwiel. An der Fürstenburg in der oberen Festung

Erste Erwähnungen einer Burg auf dem Hohentwiel datieren in die Anfänge des 10. Jahrhunderts. Bis zum Ende des gleichen Jahrhunderts befand sich hier die „Herzogspfalz“, ein Ort der Herzogsherrschaft in Schwaben. In der Folgezeit war der Hohentwiel im Besitz des Reiches, des Schwabenherzogs Rudolf von Rheinfelden, der Herzöge von Zähringen,

wie Theopont Diez und seinen Bürgermeister-Kollegen Balz in Tuttlingen – wie haben die beiden um diesen Berg gerungen, ihn besungen und auf ihn getrunken – öfter, als er eingenommen wurde!

des Abts von St. Gallen, erneut der Zähringer, der Herren von Singen-Twiel (ab 1122), der Freiherren von Klingenberg (ab 1300) und der Herzöge von Württemberg (ab 1521/38).

Burgruine Hohentwiel

Während des Dreißigjährigen Krieges fünfmal erfolgreich verteidigt, diente die Festung Hohentwiel im 18. Jahrhundert als württembergisches Staatsgefängnis. Bis 1969 gehörte der Hohentwiel als württembergische Exklave zu Tuttlingen, heute ist er als Domäne des Landes Baden-Württemberg der Gemarkung Singen zugeordnet.

Heutzutage wird er jedes Jahr "eingenommen", nicht nur von vielen Touristen, sondern auch beim Hohentwielfest im Sommer, "ritterlich" geht es dann in diesen Gewölben zu. In unserer Muttersprache kann die Empfehlung deshalb nur lauten: "Do mosch unbedingt ani!"

Das Schicksal des beeindruckenden, schon in vorgeschichtlicher Zeit besiedelten Hohentwiel war besiegelt, als Napoleon die Schleifung der Burg veranlaßte, obgleich die Kommandanten von Bilfinger und von Wolff am 1. Mai 1800 vor den heranrückenden Franzosen in der Hoffnung kapitulierten, die Anlage retten zu können.

Skulpturen der Moderne und der zeitgenössischen Kunst in Singen (von links nach rechts)

Roland Martin (geb. 1927), Metallstelen, Stahl, 1970, Beethovenschule

Erich Hauser (geb. 1930), Edelstahlplastik, 1985, Alte Sparkasse

Joachim Schweikart (geb. 1958), o. T., Carrara-Marmor, 1987, Krankenhaus

Und kommt man hinunter in die Stadt, so ist es keineswegs so, dass man hier die Schätze erst suchen muss, wie manche meinen.

Wer Augen hat, der kann sie sehen. Vor allem sind es die modernen Brunnen und Skulpturen in den Strassen und auf den Plätzen, die auffallen und etwas über die Aufgeschlossenheit Singens gegenüber der Gegenwartskunst aussagen.

Hans Kindermann (geb. 1911), Steinplastik, 1953, Gewerbeschule

Der Weg führt mich auch ins Rathaus, wo Otto Dix und Curth Georg Becker im Bürgersaal, im Ratssaal und im Trauzimmer Meisterwerke geschaffen haben – Schätze für Generationen, Zeichen der Zeit, Zeugnisse vom Krieg und der Sehnsucht nach Frieden. Ein besonderer Spaziergang wäre nötig, wollte ich noch in das Kunstmuseum der Stadt, eine wahre Schatzkammer, die Theopont Diez und Herbert Berner liebevoll und sachkundig angelegt haben. Vielleicht öffnet sich auch dafür einmal ein Buch!

Otto Dix (1891 - 1969), „Krieg und Frieden", Wandbild, 1960. Gemeinderatssaal, Rathaus, Singen

Die gegenständliche Kunst ist auch in Dix' großem späten Fresko bestimmendes Stilelement geblieben. Elementare Ereignisse wie Tod und Auferstehung zählten von Anfang an zu seinen Grundthemen. Die christlichen Motive von Kreuzigung und auferstehendem Christus waren für Dix symbolhafte Zeichen von Zerstörung und lebensbejahender Antriebskraft des Menschen.

Curth Georg Becker (1904 - 1972), Betonglasfenster, 1959. Markuskirche, Singen

Künstlerischer Anziehungspunkt in der Evangelischen Markuskirche ist die Gestaltung der Fenster, die mit 250 qm Fläche damals zu den monumentalsten der Bundesrepublik zählten. Die Themen der zwölf Fenster beziehen sich auf Schriftstellen im Alten und Neuen Testament. Die „Heilung eines Blinden in Bethsaida“ ist Thema des hier gezeigten Fensters.

1960 wurde die Skulptur anläßlich der Rathaus-Einweihung vom Gas- und Elektrizitätswerk der Stadt Singen geschenkt. Die frontale Sitzhaltung Marias, das langfallende Hemd und das Buch des göttlichen Kindes sind noch Merkmale romanischer Hierarchie, während das feine Lächeln beider bereits einen stilistischen Fortschritt bedeutet, der die kultbildhafte Strenge mildert.

Thronende Muttergottes mit Kind, 14. Jahrhundert. Farbig gefaßte Holzplastik. Krankenhauskapelle, Singen

Von Singen aus führt mich der Weg in meine Heimatgemeinde Gottmadingen über den »Plören«, von dort öffnet sich ein seltener Blick zum Hohenstoffeln. Ich verdränge jeden Lokalpatriotismus, gehe über den Heilsberg, versuche mich der Geschichte von den

Hegaulandschaft mit Hohenstoffeln

Der herbe Reiz einer fast unberührten Landschaft strahlt Ruhe aus. Hier wird augenfällig, warum weite Teile des Hegaus unter Naturschutz gestellt wurden. Der Hohenstoffeln mit seiner charakteristischen Silhouette ist der dritthöchste unter den Hegaubergen. Einst hatte er drei Gipfel, und jeder war von einer Burg gekrönt. Doch sie überlebten den Ansturm der Schweden

drei Jungfrauen am Gebsenstein zu erinnern. Das muss ich unbedingt nachlesen! Am nächsten Tag möchte ich hinüber zum Rhein, zum Hochrhein.

im Dreißigjährigen Krieg nicht. Der nördlichste Gipfel wurde durch rücksichtslosen Abbau des hier vorkommenden Basalts zu Anfang unseres Jahrhunderts vollständig abgetragen. Das harte Gestein fand als Straßenschotter Verwendung. Hartnäckige Proteste fruchteten erst 1941, als es gelang, den Raubbau zu stoppen. Seither steht der Berg unter Naturschutz.

Heute beginne ich meinen Spaziergang in der Exklave Büsingen, wo mich "eidgenössische" Gefühle überkommen, nicht nur wegen der schweizerischen Währung, mit der ich den Frühschoppen bezahlen muss.
Die Bergkirche ist ein typisches Stück Kirchengeschichte der Dörfer dieser Landschaft, es lohnt sich, sie zu lesen. Ein sehr reger Förderverein bemüht sich heute erfolgreich, kulturelle Veranstaltungen in der Kirche durchzuführen, um damit auch Gelder für den Erhalt dieses Schatzes zu sammeln.

Südlicher Hegau und Oberrhein

Brücke zur Schweiz

„Junkerhaus", um 1600, Büsingen

Büsingen, das seine Bezeichnung vom Eigennamen Buso ableitet, ist urkundlich erstmals 1087 erwähnt. Im Ortskern sind mehrere schöne Fachwerkhäuser erhalten geblieben, darunter das sogenannte Junkerhaus. Es wurde vom 16. bis ins 19. Jahrhundert von der Schaffhauser Familie Junker im Thurn bewohnt.

Die sich auf der Kuppe eines Moränenhügels erhebende Kirche ist Mittelpunkt eines mittelalterlichen Ensembles von Mesnerhaus, Wirtschaftsgebäude, wehrhafter Ringmauer und Friedhof. Die erste Erwähnung datiert ins Jahr 1095, als die Kirche an das Kloster Allerheiligen in Schaffhausen übertragen wurde.

St. Michael, 11./12. Jahrhundert, Büsingen

Der Hochrhein bei Büsingen von Paradies aus gesehen

In der Nähe der deutschen Exklave Büsingen hat der Hochrhein noch nichts von seiner Natürlichkeit eingebüßt.

Gegenüber, am heutigen schweizerischen Ufer, ließen sich gegen 1260, dank reicher Schenkungen der Grafen von Kyburg, die Nonnen eines Klarissinnenklosters nieder. Sie waren ursprünglich vor den Mauern von Konstanz ansässig gewesen.

Den Namen für ihr Kloster haben sie gleich mitgebracht: Paradies. Altmodisch beschaulich wird's, wenn man von hier aus nach Büsingen übersetzen möchte, weil der Fährmann erst mit einer Glocke gerufen werden muß. Büsingen – eine Kuriosität, deutsches Territorium zwar, aber ringsum umschlossen von schweizerischem Hoheitsgebiet. Es ist Schweizer Zollgebiet, und das Zahlungsmittel ist der Franken.

Am Rhein entlang führt mich der Weg nach Gailingen.
Im jüdischen Friedhof stehe ich ehrfürchtig vor diesem
Zeugnis vergangener, auch unseliger Zeiten, an die
ich mich noch schwach erinnern kann.

Nach dem Dreißigjährigen Krieg ließen sich in Gailingen die ersten jüdischen Familien nieder. Daraus entwickelte sich in den folgenden Jahrhunderten eine der blühendsten und größten jüdischen Landgemeinden Deutschlands. Der Friedhof spielt im Leben der Juden seit jeher eine zentrale Rolle als würdiger Ruheplatz für die Verstorbenen.

Jüdischer Friedhof in Gailingen, nordwestliches Ende des Dorfes

St. Nikolaus, um 1100–1150.
Obergailingen

Trotz späterer Veränderungen, wie etwa der Vergrößerungen der Fenster, bewahrt die Kapelle den Charakter einer kleinen, romanischen Landkirche. Von architektonischen Reiz sind die Blendbogen, welche die Ostpartie dekorativ gliedern.

Ich wandere an herrlichen Rebhängen entlang, wo wieder Wein von nicht geahnter Qualität angebaut wird, vorbei an der Diessenhofener Brücke, eine der ältesten über den Rhein, komme zum herrlichen Kirchlein von Obergailingen und gehe über den Berg nach Randegg. Von dort grüsst das geschichtsträchtige Schloss. Hier muss ich noch Ottilie besuchen, nicht die begehrte Quelle, sondern die lieblich lächelnde Heilige in der Wallfahrtskirche.

Der quadratische Bau mit seinen drei Eck-Rundtürmen spiegelt im wesentlichen das Aussehen der unter Gebhart von Schellenberg um 1567 erbauten Burg wider. Die blindgeborene Tochter des elsässischen Herzogs Attich ist die Patronin der Blinden.

Schloß Randegg, Ersterwähnung als „castrum Randec" um 1214. Büstenreliquiar der heiligen Ottilie, um 1350. St. Ottilien

Marientod, um 1510.
St. Laurentius, Riedheim

Das stilistisch der Ulmer Schule zuzurechnende Relief gehörte ursprünglich zur Ausstattung des Klosters Allerheiligen in Schaffhausen. Seit dem 15. Jahrhundert ist der Tod der Muttergottes ein Lieblingsthema der Künstler. Das Werk aus Riedheim verkörpert bestens den spätgotischen Typus: Maria liegt auf dem Sterbebett, umgeben von den Aposteln, die wunder-

Von Randegg aus überquere ich die Biber und suche Rast in Riedheim, nicht ohne noch einmal das Marien-Relief in St. Laurentius in Musse betrachtet zu haben. Gestärkt an Leib und Seele betrete ich später in Hilzingen die prachtvolle Barockkirche Peter Thumbs. Sein Meisterwerk, die Birnau, kennt jeder, aber nach Hilzingen sollte man nicht nur an Kirchweih.

barerweise zu diesem Ereignis herbeigeeilt sind, um dem Hinscheiden Marias beizuwohnen.

Blick vom Langhaus zum Chor, 1747 – 1749. St. Peter und Paul, Hilzingen

Die Peter Thumb zugeschriebene und im Auftrag des Konstanzer Klosters Petershausen entstandene Pfarrkirche ist überreich mit Stukkaturen, Deckenbildern, Altären, Kanzel und Orgelgehäuse im Rokoko-Stil ausgestattet.

Auf dem Weg nach Engen muss man über den Duchtlinger Berg und gelangt direkt zur Heilig-Grab-Kapelle bei Weiterdingen – ein nahezu unbekannter Schatz. Den Schlüssel zum Inneren erhält man in der Nachbarschaft.

Karl Balthasar von Hornstein war der Erbauer der Kapelle, die bereits 1720 umgebaut und 1723 neu geweiht wurde. Die Westfront enthält eine Öffnung, deren Holzläden bei Wallfahrten geöffnet wurden. Auf diese Weise war der Altar auch für große Menschenmengen, die im Kapellenraum keinen Platz gefunden hätten, sichtbar.

Heilig-Grab-Kapelle, 1694 als Lorettokapelle erbaut, an der alten Straße von Weiterdingen nach Hilzingen

Nördlicher Hegau und Randen

„Stiefkind“ des Landkreises?

Abgeerntete Felder im nördlichen Hegau

Kommt man vom Randen her, wo der Hegau sich gegen den Schwarzwald abschließt, so breiten sich weite Felder in sanftem Schwung über die flachen Hügel. Mit Ausnahme der Industriestadt Singen war und ist der Hegau eine von der Landwirtschaft geprägte Region. Das hat dazu beigetragen, daß hier eine intakte Landschaft erhalten blieb, in der die Dörfer fernab der großen

Hinter Weiterdingen mit seinem restaurierten Kloster, das in einer Weiterbildungsstätte eine sinnvolle Nutzung gefunden hat, öffnet sich in Richtung Welschingen ein einmaliger Blick in den nördlichen Hegau. Hier zeigt sich, dass diese Landschaft immer noch eine Kulturlandschaft ist, nicht zuletzt dank der unermüdlichen Arbeit der Landwirte.

Verkehrsströme noch ihren ursprünglichen und ländlichen Charakter bewahren konnten. Großflächige Raps- und Getreidefelder setzen im Sommer leuchtende Farbtupfer, und die Weite der abgeernteten Felder zeugt im Herbst von reichen Ernten.

Jörg Zürn (um 1583 bis um 1635), Epitaph für Hans Erhart von Hornstein. St. Mauritius, Weiterdingen

1625 starb Hans Erhart von Hornstein, dessen Familie seit 1591 das Patronat über die Pfarrkirche innehatte. Maria breitet schützend ihren Mantel über den Verstorbenen und dessen Hinterbliebene – Sohn, Tochter und Witwe – aus.

Auch Weiterdingen bietet einen kostbaren, fast unbekannten Schatz, deshalb lohnt sich ein Blick in die Kirche. Die Geschlechter von Hornstein haben aber auch an der Geschichte von Bietingen und Binningen mitgeschrieben.

Auf eine mehr als 1200jährige Geschichte kann Weiterdingen zurückblicken. Schon im ausgehenden 8. Jahrhundert war der Ort in St. Galler Besitz. Eine mächtige Ortsherrschaft übten die Freiherren von Hornstein aus. Sie erbauten sich ein weithin sichtbares Barockschloß und ließen sich in der Kirche St. Mauritius ein Denkmal für die Ewigkeit errichten.

Blick auf Weiterdingen

Die Landschaft im Hegau birgt viele Zeugnisse früher Besiedelung. Zahlreiche Ausgrabungen werden in den archäologischen Museen in Singen, Konstanz und Schaffhausen gezeigt, sie reichen aus frühgeschichtlicher Zeit bis weit hinein ins Mittelalter.

Charme einer eigenwilligen Landschaft

Auch das ist der Hegau: eine schweigsame, karge, fast strenge Landschaft, durch die schmale Wege zu entfernten Zielen führen. Aus ungewohnter Perspektive zeigt sich links im Bild der Gipfel des Mägdeberges, auch er einst bekrönt von einer Burg, für die der Dreißigjährige Krieg das gleiche Schicksal wie für ihre Schwesternburgen bereithielt: die Zerstörung.

Der Hegau war, seit hier menschliche Besiedlungen nachweisbar sind, Kreuzungspunkt von Handelswegen. Archäologische Funde von der Eiszeit bis zu den Alamannen verdeutlichen die kulturellen Entwicklungen unterschiedlicher Völkergruppen. Frühe Tonwaren belegen die handwerkliche Kunstfertigkeit in der Herstellung von Gebrauchsgegenständen des täglichen Lebens.

Gebrauchskeramik unterschiedlicher Arten und Formen, teilweise mit Dekoration

Von Weiterdingen führt mich der Weg hinab nach Welschingen zur Wallfahrtskirche St. Jakob, die leider geschlossen ist, aber zu den Schmuckstücken des Hegaus gehört. Über Binningen gehe ich hinauf nach Blumenfeld. Immer das turmbewehrte Stadtbild vor Augen, streben wir dem meisterhaft restaurierten Schloss zu. Dieses einzigartige Vorhaben wurde von einer Bürgerinitiative begonnen und mit kräftigen Finanzhilfen des Landes zu einem modernen Pflegeheim ausgebaut. Auch das übrige "Städtle" wurde in den letzten Jahren restauriert.
Es wurde ein Juwel.

Welschingen: St. Jakob, im Ursprung romanisch, Veränderungen um 1500, nach 1793, im 19. und 20. Jahrhundert

Der heutige Bau besteht aus einem einschiffigen Langhaus mit geradem Chorabschluß. Der Westturm besitzt im Untergeschoß romanische Reste, die Öffnungen im Glockengeschoß und die Staffelgiebel entstanden in der späten Gotik.

Die auf einem Felssporn liegende Stadt wird einerseits durch den Gebäudekomplex des Schlosses, andererseits durch den hoch aufragenden Turm der Kirche St. Michael geprägt.

Schloß (Detailansicht).
Blumenfeld, 16. Jahrhundert

Tengen - die Heimat meiner Ahnen, bis 1502 urkundlich nachgewiesen. Es ist besser zu schweigen, ich käme sonst ins Erzählen, in nostalgische Gefühle...
Aber ich bekenne mich zu dieser Wurzel meiner Eltern, zur Abstammung von den Bauern und Müllern. Heute noch sagt eine meiner zahlreichen Cousinen, hier hätte ich »schaffen« gelernt. Sie mag recht haben. Aber auch der alte Spruch
»Engen, Tengen, Blumenfeld sind die schönsten Städt der Welt« hat nach der gelungenen Restaurierung dieser schönen alten Städte für mich seine Gültigkeit.

Tengen - schöne Schwester von Engen und Blumenfeld

Versteckt zwischen den allmählich nach Osten abfallenden Hängen des Hohen Randen liegt Tengen, auch heute noch ein von Landwirtschaft geprägtes Gemeinwesen, das ursprünglich aus drei Ortschaften bestand. Erbaut auf einem langgestreckten Felsrücken, lag es einst strategisch günstig - eine Notwendigkeit zum Überleben in den vielen Kriegswirren vergangener

Jahrhunderte. Die zweite der „schönsten Städt' der Welt" teilt das Schicksal vieler Orte des Hegaus: oft wechselten die Besitzer, bis im Zuge der napoleonischen Neuordnung Europas Tengen 1806 an das Großherzogtum Baden kam. Alljährlich zieht der „Schätzeles Markt" auf der langgezogenen Hauptstraße zwischen dichtgedrängten Häusern viele Besucher an – und das seit 1291. Früher fand wohl so mancher Heiratslustige hier seinen „Schatz" – und heute?

Von Tengen geht's wieder hinunter in Richtung Engen. Ich gehe den alten Postweg oberhalb von Watterdingen zügig hinauf und geniesse den Anblick des Hohenstoffeln und des Hohenhewen, ja fast des gesamten Landkreises.

Die weite "vulkanische" Landschaft wirkt heute so friedlich – ein Platz zum Verweilen. Aber dann, in Engen, auf dem Ballenberg, der Blick nach Süden, in den Hegau, auf den Hohenkrähen und – dank des Föhns auf die Alpen – ein einmaliges Erlebnis.

Der ehemalige Steinbruch am Hohenstoffeln

Die schweren Wunden, die der Abbau des schwarzen Basalts dem Hohenstoffeln zugefügt hat, konnten bis heute nicht vernarben. Nachdem die Sensibilität der Menschen gegenüber Freveln an der Natur geschärft worden ist, kann man ermessen, wie hoch das Verdienst des Dichters Ludwig Finckh war, als er sich für den Erhalt des Hohenstoffeln einsetzte.

Kreuzungspunkt wichtiger Verkehrswege war der Hegau seit altersher. Im 19. Jahrhundert gesellten sich ihnen die Eisenbahnen hinzu und im Zeitalter der Motorisierung die Autostraßen. Vom alten Postweg aus – er ist der schönste Panoramaweg im Hegau – öffnet sich ein weiter Blick über das Land zum ebenmäßigen Profil des Hohenhewen.

Blick vom alten Postweg auf den Hohenhewen

Der Hegau – „des Herrgotts Kegelspiel“

So nannte der aus Schwaben stammende Heimatdichter Ludwig Finckh diese Landschaft, die von erkalteten Vulkankegeln ihr unverwechselbares Gesicht erhielt. Und hier, auf dem Ballenberg bei Engen stehend, fällt es leicht, diesem Ausspruch zuzustimmen. Goethe sprach von einem „artig topographischen Bild“, meinte zwar Engen, aber man möchte es gern auf den

ganzen Hegau übertragen. Im Zentrum des Bildes ragt der markante Kegel des Hohenkrähen steil empor. Schier uneinnehmbar stand hier schon im 12. Jahrhundert eine Burg, und als Raubritternest erlangte der Berg traurige Berühmtheit. Einer seiner Vögte treibt heute noch als Berggeist „Poppele vom Hohenkrähen" seinen Schabernack, vor allem zur Fasnachtszeit.

Manchmal erhebt sich das mächtige Alpenpanorama über dem Hegau – dann ist Föhn.

Als ich in den 60er Jahren in Engen wohnte, haderten die Stadtväter oft mit ihrer Randlage und sprachen vom »Stiefkind im Landkreis«. Und was ist heute aus Engen geworden! Frohen Schrittes betrete ich die prächtig restaurierte Altstadt und schlürfe dankbar mein Viertele, dankbar, weil ich einst

Blick auf die Altstadt von Engen

Der Grundriß wird vor allem durch die Lage auf einem nach Süden abfallenden Bergsporn bestimmt. Deutlich erkennbares Zentrum der Stadt bildet die ursprünglich spätromanische Stadtpfarrkirche mit dem spätgotischen Turm und den vier erst 1910 aufgesetzten Staffelgiebeln. Der langgestreckte Bau links unterhalb der Kirche gehörte zum Kloster St. Wolfgang,

den Landesvater Lothar Späth überzeugen konnte, dass es sich lohnen würde, dieser schönen, alten Stadt Finanzhilfen in reichem Masse zu gewähren. Unter den wenigen noch erhaltenen Städten mit mittelalterlichem Kern ist Engen dadurch wieder zu einem wahren Schatzkästlein geworden.

das im 14. Jahrhundert gegründet und 1803 aufgehoben wurde. Heute ist darin das Städtische Museum untergebracht. Das rechts auf einem vorspringenden Felsen gelegene Schloß Krenkingen diente im Mittelalter vermutlich Mitgliedern der Herrschaft von Hewen als Wohnsitz. Der Name bezieht sich wahrscheinlich auf einen Herrn von Krenkingen, der im 14. Jahrhundert lebte und eine Tochter der Adelsfamilie von Hewen geheiratet hatte.

Werner Gürtner, Narrenbrunnen, Bronze, 1982 (oben und Mitte). Jürgen Goertz, Martinssäule, Bronze und Kunststoff. 1984

In Anlehnung an die Kenntnis über zahlreiche Brunnen im Mittelalter, entstanden in Engen neue Brunnenanlagen, die nun nicht mehr der Wasserversorgung dienen, sondern künstlerische Entwicklungen unserer Zeit signalisieren. Weist der von der Narrenzunft der Bürgerschaft geschenkte Narrenbrunnen auf heimisches Fasnachtsbrauchtum hin, so erinnert der Martins-

Ohne die Initiative des Bürgermeisters und die Einsicht des Stadtrates, aber auch ohne breite Zustimmung und das Zupacken der Bevölkerung wäre das Werk nicht gelungen: die Engener Brunnen belegen, warum ich den damaligen Bürgermeister einen „Künstler" nannte.

brunnen auf dem Marktplatz in zeitgenössischer Symbolsprache an die sozialen Konfrontationen von unter anderem Reichtum und Armut, die der heilige Martin im 4. Jahrhundert durch die legendäre Mantelteilung mit dem Bettler löste. Der Vorstadtbrunnen mit mehreren Becken und den Figurenensembles greift in seiner erzählerischen Inszenierung barocke Traditionen auf.

Lutz Brockhaus, Vorstadtbrunnen, Carrara-Marmor, 1986

Blick in den Chor der Maria, St. Martin und Johannes geweihten Kirche. Engen

Die überaus reiche Ausstattung der Renaissance- und Barockzeit bestimmt das Aussehen des Kirchenraumes. Dennoch erinnern architektonische Formen wie Würfelkapitelle, Spitzbogen und Stichkappen an den mittelalterlichen Ursprungsbau.

So wunderbar die Engener Kirche ist, so wenig bekannt ist einer ihrer kostbarsten Schätze: das Grabmal des Marschalls Konrad von Pappenheim und seiner Gemahlin.
Sie gehörten dem weitverzweigten Geschlecht an, über dessen Kürassierregiment sich einst der Spruch verbreitete:
»Ich kenne meine Pappenheimer«.
– Kennen Sie Ihre auch?

Die als Liegefiguren konzipierten Bildnisse sind vermutlich als Deckplatten einer Tumba gedacht gewesen. Dieser Typ eines Grabes war aufwendig und hatte den Charakter eines Ehrenmales.

Hans Morinck, Grabstein für Marschall Konrad von Pappenheim und seine Gattin Katharina von Lamberg. Pfarrkirche

Diesen Bilderzyklus von Hans Sauerbruch – hätten Sie ihn im Trauzimmer des Engener Rathauses vermutet? Man muss ihn gesehen haben, diesen Reigen

Hans Sauerbruch (1910 – 1996), Lebenszyklus, 1988. Trauzimmer, Rathaus, Engen

Der Konstanzer Professor Sauerbruch gestaltete in einem farbenfrohen Bilderzyklus das facettenreiche Leben eines Menschen, das aus Glück und Unglück, Fest und Alltag, Gesundheit und Krankheit, Freizeit und Arbeit besteht.

Immer wieder ist in den Bildern der direkte Bezug zu Engen erkennbar. Eingebunden in die Hegaulandschaft, ziehen die

heiterer und dramatischer Szenen aus allen Lebensabschnitten des Menschen! Er stimmt nachdenklich, aber auch fröhlich. So ist halt das Leben.

Lebensabschnitte wie im Film vorbei, enden im Krankenbett und beim Beerdigungszug.

Der Aachtopf – größte Quelle Deutschlands

Tief herabhängende Zweige, das Spiel von Licht und Schatten, eine dunkelgrüne, von geheimnisvollen Strudeln belebte Wasserfläche – das ist der Stoff, aus dem Märchen und Sagen entstehen. In der Realität aber ist der Aachtopf ein von Jurakalken eingefaßter kleiner See. In diesen quillt sprudelnd Donauwasser, das zwischen Immendingen und Fridingen versickert war und nun

Heute bin ich in Aach. Ein herrlicher Weg führt hinauf zur denkmalgeschützten "Oberstadt", von der aus meine Schritte zu Deutschlands grösster Quelle weitergelenkt werden: mysteriös - naturhaft - romantisch, Donau- und Karstwasser sprudelt - unerschöpflich?

aus dunklen Tiefen wieder zutage tritt: durchschnittlich sind es 10 000 Liter pro Sekunde.

Auf dem Aacher Berg entwickelte sich seit Mitte des 12. Jahrhunderts die Stadt Aach. Beherrschendes Wahrzeichen ist die Pfarrkirche St. Nikolaus mit ihrem charakteristischen Staffelgiebel.

St. Peter und St. Katharina, Turm mittelalterlich, Neubau der Kirche 1819. Honstetten

Schon um das Jahr 700 hatte das Kloster St. Gallen Besitzrechte in Honstetten. im 11./12. Jahrhundert kam das Schaffhausener Kloster Allerheiligen hinzu. 1974 nach Eigeltingen eingemeindet, wechselten zuvor noch öfter die Besitzer, gehörte der Ort lange den fürstenbergischen Herren von Hewen und nach der Säkularisierung zum Großherzogtum Baden.

Der Weg hinauf nach Honstetten, durch das Wasserburger Tal – er lohnt sich, denn hier thront wirklich König David – zumindest in der Kirche. Typisch für Feuchtmayers Kunst die dramatische Geste seiner Hand.

1823 wurde die Orgel samt Prospekt der Kirche der Insel Mainau nach Honstetten verkauft. Nachdem dort noch im 19. Jahrhundert eine neue Orgel angeschafft wurde, nahm man den alten Prospekt auseinander und verteilte die Figuren im Kirchenraum. David bildete vermutlich die zentrale Figur des Mittelstücks.

Joseph Anton Feuchtmayer (1696 – 1770),
König David, 1737/38

Kaspar Fuchs, Marientod, um 1720. St. Peter und Paul, Mainwangen

Das Kloster Salem erbaute vom Jahr 1710 an die Kirche, zu deren wertvollster Ausstattung die prächtigen Stuckmarmoraltäre mit den virtuos gemalten Altarblättern zählen.

Nach einem kleinen Gewaltmarsch in Richtung Osten erreiche ich Mainwangen, am nördlichen Rand des Landkreises gelegen. Die kleine Kirche wurde mit erheblichem Aufwand restauriert. Sie ist ein besonders kostbarer Schatz unserer Heimat!

Die Apostelfürsten Petrus und Paulus stehen in bewegter Haltung auf den Bogendurchgängen seitlich des Hochaltares, der thematisch das Motiv der Rosenkranzmadonna in traditioneller Ikonographie aufgreift.

Johann Pöllandt (um 1630 – 1721), Heiliger Petrus. St. Peter und Paul, Hochaltar

Pfarr- und Wallfahrtskirche Mariä Himmelfahrt. Romanischer Chorturm, spätgotische Kirche, im Barock verändert. Rorgenwies

Zwischen 1720 und 1730 wurde das Innere der Kirche barock verändert. Der Hochaltar aus Stuckmarmor erhielt unterhalb der Mensa ein gemaltes Rundbild. Darauf ist das Gnadenbild der Maria mit Kind zu sehen. Sie bittet um die allmächtige Hilfe für Rorgenwies, topographisch durch die Darstellung von Kirche und Schloß genau erläutert.

Von Mainwangen führt der Weg hinab nach Rorgenwies – kennen Sie in der dortigen Pfarr- und Wallfahrtskirche das einmalig schöne Rundbild am Hochaltar? Fahren Sie doch einfach mal hin!
Und dann: auf nach Stockach – nicht etwa zum Narrengericht, sondern nach Hindelwangen, wo mich in der Kirche St. Michael einer der schönsten Marienaltäre erneut zum Staunen bringt.

Die Lage von Rorgenwies in der Weite der Landschaft, am Rande ausgedehnter Felder und Wiesen erinnert den Betrachter daran, daß dies einmal eine Rodungssiedlung war, die den Namen „Rorigenwisi" trug, und daß sich hier einmal eine Wiese mit Röhricht befand. Beherrscht wird das Ortsbild heute vom Turm der spätgotischen, später barockisierten Pfarr- und Wallfahrtskirche.

Blick auf Rorgenwies

Stockach – junge, alte Stadt

Viele verheerende Kriege sind über Stockach hinweggegangen, ohne daß sie Schaden genommen hatte. Erst 1704, im Spanischen Erbfolgekrieg, wurde sie in Schutt und Asche gelegt. So blieb nur wenig Historisches. Aus früherer Zeit aber stammt ein Privileg, das sich der einstige Hofnarr Hans Kuony erstritten hatte: das alljährlich stattfindende „Grobgünstige Narrengericht".

Stockach
Stammsitz der Nellenburger
Wurzeln unserer Heimat

In anschaulicher Weise zeigt die vielfigurige Darstellung, daß die ganze Menschheit in ihrer unterschiedlichen Standeszugehörigkeit unter dem Schutz Mariens steht. Das Schutzmantelmotiv ist hier gleichzeitig mit dem Motiv der Marienkrönung kombiniert.

Schutzmantelbild. Holzrelief, wohl von Hans Ulrich Glöckler. 1610. St. Michael, Hindelwangen

Zizenhausener Figuren.
Rosgartenmuseum Konstanz

Die Zizenhausener Terrakotten dienten im 19. Jahrhunderts als Gebrauchsschmuck in bürgerlichen Wohnhäusern. Sie wurden seit der Mitte des 18. Jahrhunderts von der Familie Sohn zunächst in Kümmerazhofen, ab 1799 in Zizenhausen hergestellt.

Eine der umfangreichsten Sammlungen besitzt neben dem Rosgartenmuseum das Fasnachtsmuseum im Schloß Langenstein.

Zizenhausen, ein anderer Stadtteil von Stockach, kommt mir in den Sinn: die herrlichen Zizenhausener Terrakotten – einige stehen in Konstanz im Landratsamt – karikieren mit Ironie, ja Sarkasmus ihre Zeitgenossen, oder finden Sie nicht? So genau schaut beim Viehhandel heute wohl keiner mehr hin! Und beim Zoll?

Aus der großen Vielfalt der Themenbereiche sind sechs Gruppen abgebildet: „Das große Orchester“ (Ausschnitt) – „Nichts Zollbares, meine Herren“ – „Ein Pris Tabak und ein wenig Geld im Sack, macht guten Humor nicht wahr Herr Pfarr“ – „Die Goldschaber – Üb’ immer Treu und Redlichkeit“ – „Kuhhandel – So wahr ich leb sie gibt zwei Kübel voll alle...“

Inmitten lieblicher Landschaft – Schloß Hohenfels

Den wohlklingenden Namen gaben ihm die Herren von Hohenfels – einer von ihnen war Burkhard von Hohenfels. 18 Lieder in der Manesse-Handschrift geben Zeugnis von seiner dichterischen Wortgewalt. Im 18. Jahrhundert barockisierte der Deutschordensbaumeister Johann Caspar Bagnato die einstmals mittelalterliche Höhenburg.

Am heutigen Tag mache ich lange Wege, zunächst hinauf zum Schloss Hohenfels, das einen Teil der Salemer Schule beherbergt. Dann gehe ich bergab, querfeldein hinunter nach Mahlspüren im Tal, ja im Tal, nicht Mahlspüren im Hegau. In der Kirche St. Verena strahlt in seltener Pracht der Rosenkranzaltar.

Der Hochaltar ist 1669 errichtet worden, das heißt zu der Zeit, als die Rosenkranzbruderschaft eingeführt wurde. Die Muttergottes mit Kind wird von den 15 Medaillons der Rosenkranzgeheimnisse umgeben, unten knien links der heilige Dominikus, Förderer des Rosenkranzgebetes, und rechts die heilige Katharina von Siena, die bedeutendste Schutzheilige des Dominikanerordens.

Rosenkranzaltar, früher Christoph Daniel Schenck (1633 – 1691) zugeschrieben. St. Verena, Mahlspüren im Tal

Mahlspüren im Tal

Blickt man von der Höhe des Schlosses Hohenfels zurück, so bietet zwischen bewaldeten Hügeln Mahlspüren im Tal ein Bild der Harmonie und des Friedens. In einer Urkunde von 1091 wird der Ort als „villa Madelesprun“ erwähnt, 1167 als „Madilsburron“, auch benannte sich eine Adelsfamilie nach ihm. Die Besitzer wechselten oft, doch am längsten war wohl das Über-

linger Spital Eigentümer des Dorfes, nämlich von 1479 bis 1803. Heute ist Mahlspüren ein Stadtteil von Stockach, und man sollte es nicht verwechseln mit Mahlspüren im Hegau. 1974 ebenfalls nach Stockach eingemeindet.

St. Martinskapelle, 1716 – 1718.
Nenzingen.
J. A. Feuchtmayer, Putto,1748.
Rosgartenmuseum, Konstanz

Inmitten einer Wiese liegt an der Straße von Nenzingen nach Stockach die als barocke Saalkirche konzipierte Kapelle. Ihre drei Altäre sind von bemerkenswerter Qualität. Die beiden Seitenaltäre stammen als Gesamtentwurf von Joseph Anton Feuchtmayer (1696 – 1770). Aus Sicherheitsgründen befinden sich jedoch die Figuren des heiligen Rochus und des heiligen

"In Stokken bleibt man hocken" – und so mache ich's auch und lueg, dass i a rächts veschper krieg. Am nächsten Tag breche ich auf nach Westen, zunächst nach Nenzingen. Am Weg suche ich die St.-Martins-Kapelle auf, die kaum ein Einheimischer betritt, Fremde schon gar nicht. Dabei würde es sich sehr lohnen, denn kein Geringerer als Joseph Anton Feuchtmayer hat uns hier einen unvergänglichen Schatz geschenkt.

Wendelin in der Nenzinger Pfarrkirche St. Ulrich, die Putten im Rosgartenmuseum in Konstanz. Der aufschwebende Putto vom nördlichen Seitenaltar der Martinskapelle in Nenzingen besitzt eine ausdrucksstarke Gestik, typisches Merkmal der expressiven Gestaltungskunst Feuchtmayers.

Im Ortsteil Orsingen gibt uns das Grabmal der Gräfin von Hohenems von dem Konstanzer Bildhauer Hans Morinck einen Eindruck von der Schönheit der Frauen jener Zeit.
Der Landstrich wird hier beherrscht von dem Schloss der Grafen von Langenstein. Das Archiv birgt unendliche Schätze, der ehemalige Kreisarchivar Dr. Franz Götz hat sie beschrieben.
Das Narrenmuseum kennen natürlich alle echten Narren im Landkreis, deshalb zeige ich Ihnen lieber das meisterhafte Relief Maria Krönung in der Schlosskapelle.

Hans Morinck (1555 – 1616), Tumba der Helena von Raitenau, geborene Gräfin von Hohenems. St. Petrus und Paulus, Orsingen

Das hervorragend gearbeitete Grabmal ist wegen seiner genauen Wiedergabe nicht nur ein naturgetreues Abbild der Verstorbenen, sondern auch von kostümgeschichtlichem Interesse.

Die burgartige Anlage geht im wesentlichen auf Bautätigkeiten des 16. und 17. Jahrhunderts zurück. Seit seiner Ersterwähnung im 12. Jahrhundert erlebte das Schloß eine wechselreiche Reihe von Besitzern, zu deren bekanntesten der Kaiserliche Rat und Oberst Hans Werner von Raitenau gehörte. Seit 1872 befindet sich das Schloß im Besitz der Grafen Douglas.

Schloß Langenstein, Ansicht von Westen.

Inthronisation Marias als Königin des Himmels und aller Heiligen. Holzrelief um 1500. Syrlin-Werkstatt. Schloßkapelle Langenstein

Das meisterhafte Relief zeigt eine Szene, die sich unmittelbar an den gängigen Typus einer Marienkrönung anschließt. Die Vision der himmlischen Herrlichkeit erfährt durch die Einbeziehung aller Stände der Menschheit in der unteren Bildzone eine Bereicherung, die durch die geistlichen und weltlichen Stände, angeführt durch Papst und Kaiser, symbolisiert wird.

Im Hintergrund ist eines der schönen Renaissance-Portale mit bekrönendem Wappen, die am Wohntrakt zu finden sind.

Schloß Langenstein. Ansicht von Süden

Ich gehe auf einem Umweg westwärts über die Homburg und bewundere den Blick auf Steisslingen, den geografischen Mittelpunkt unseres Landkreises und die Gemeinde mit dem meisten "Kies".
Die Beine, hierzulande "Füsse" genannt, sind inzwischen müde geworden.

Hegaulandschaft um Steißlingen

Ein Ort, der einmal „Stiuzzelingun“ hieß, verrät alemannische Vergangenheit. Schon früh, vermutlich an der Schwelle zum 9. Jahrhundert, hatten die Konstanzer Bischöfe hier das Sagen, und sie blieben über Jahrhunderte die wichtigsten geistlichen Herren eines Gemeinwesens, dessen Kelhof eine sichere Einnahmequelle versprach. Steißlingen heute – ein

Dennoch schmälert diese Tatsache nicht die Freude, mit der ich die traumhafte Abendstimmung geniesse, in der sich der Hegau im Steisslinger Ortsteil Wiechs zeigt. Diesen erlebnisreichen Tag beschliesse ich mit zünftigen "Dünnele", für die Wiechs bei Kennern bekannt geworden ist.

schmuckes Dorf, umgeben von weiten Feldern und Wäldern und mit einer Kiesgrube vor der Haustür. Steißlingen – buchstäblich auf eiszeitlichem Kies gegründet, Kies, der sich heute „vergoldet" und dessen Vorkommen noch längst nicht alle erschlossen sind. Blickt man vom Standort der ehemaligen Homburg über das Land, erheben sich am Horizont die Vulkankegel rings um Singen, und wir wissen, daß wir mitten im Hegau sind.

Bodanrück

Wanderland und Erholungsraum

Das See-Ende bei Bodman

Am Ende des Überlinger Sees liegt die Mündung der Stockacher Aach. Seitdem dieses Gebiet 1984 unter Naturschutz gestellt wurde, hat man die Nutzungskonflikte zwischen Freizeithunger und Naturerlebnis erfolgreich gemeistert. Der Flußlauf der Aach hat seine freie Dynamik zurückerhalten, Reste des Silberweiden-Auwaldes, ein wiedererstehender Schilfgürtel,

Schier unerschöpflich sind die Schätze auf dem Bodanrück, den wir am See-Ende bei Ludwigshafen aus der Ferne sehen.

Brutplätze zahlreicher Entenarten, Schlafplätze für Kormorane – dies alles sind Beispiele einer geglückten Renaturierung. Ein seenaher Fußweg führt zu einer Beobachtungsplattform, von der aus das Auge den Überlinger See in seiner ganzen Länge erfassen kann. Dem Zukunftsbild einer ungestörten Natur ist man hier sehr nahe gekommen. Vom Ufer jenseits der Bucht grüßt Bodman, gekrönt von der sagenumwobenen Ruine Altbodman.

Im 10. Jahrhundert befand sich an der Stelle der heutigen Gemeinde Bodman die ehemalige Königspfalz »Bodama«.

Hieraus entwickelte sich in der Folgezeit auch der Name »Bodensee«. Am Ende des Überlinger Sees gelegen, birgt Bodman immer noch eindrucksvolle Zeugnisse unserer Geschichte: den Torkel nahe am Seeufer und vor allem das Torhaus, eines der ältesten und bedeutendsten Gebäude Bodmans.

Torkel, 18. Jahrhundert. Bodman

1772 fand das Richtfest für den durch Zimmermeister Lorenz Weber erbauten Torkel statt. Der Fachwerkbau wird von einem mächtigen Walmdach bedeckt. Die ornamental gebildeten Öffnungen oben dienten der Luftzufuhr.

Das Torhaus in unmittelbarer Nähe zum See ist eines der malerischsten Gebäude Bodmans. Es ermöglichte einst die Durchfahrt zum Dorfkern, bevor der See an dieser Stelle aufgeschüttet wurde. Im Obergeschoß befinden sich neben einem Fenster das aufgemalte Wappen der Gemeinde Bodman sowie die Jahreszahl 1928.

Torhaus, um 1600 und 18. Jahrhundert. Bodman

Schloß Möggingen, Blick auf den Treppenturm. 1600 erbaut, Mitte des 17. Jahrhunderts erneuert

Das im Besitz des Freiherren von Bodman befindliche Schloß beherbergt auch die Vogelwarte Radolfzell.

Ein Abstecher von Bodman nach Möggingen lohnt sich, nicht nur wegen des beinahe in der Natur versunkenen Schlosses, sondern auch wegen der natürlichen Schönheit des Mindelsees.

Die Landzunge des Bodanrücks teilt den Bodensee in zwei ungleiche Arme. Das schluchtenreiche, felsig-steile Ufer am Überlinger See hat von Anbeginn an Besiedlung und Verkehrswege an die sanfteren Gestade des Gnadensees verlagert. Wer hier einem der zahlreichen Wanderwege folgt, kann manchen Schatz heben, aber auch zu Stille und sich selbst finden.

Der Bodanrück – Wanderland und Erholungsraum

Auf dem Weg über den Bodanrück komme ich an Schloss Freudental vorüber, dessen herrliche Stuckdecken uns leider nicht zugänglich sind. Wie "verwunschen" heben sich die Umrisse des Gebäudes aus dem Abendhimmel.

Schloß Freudental. Zwischen 1698 und 1700 erbaut

Franz Dominik von Alten-Summerau und Praßberg, Bischöflich Konstanzischer Oberhofmeister, war der Erbauer des sich hoch über dem gleichnamigen Dorf erhebenden wohlproportionierten Rechteckbaus mit Treppenturm.

Lichtsäume um Abendwolken – nur die Sonne eines vergehenden Tages zaubert solche Stimmungen über dem Bodanrück.

Die Zeit scheint stillzustehen, und man glaubt, die Seite eines Märchenbuches aufgeschlagen zu haben.

Abendstimmung über Schloß Freudental

St. Nikolaus, Allensbach. Spätgotische Pfarrkirche, im 18. Jahrhundert barockisiert

Das Zwiebeldach der Allensbacher Pfarrkirche ist Wahrzeichen eines Marktfleckens, dem im Mittelalter am Nordufer des Untersees große Bedeutung als Handels-Umschlagsplatz für die Insel Reichenau zukam.

Von Freudental aus gehe ich über Kaltbrunn nach Allensbach – herrlich von unterwegs der Blick über die Dächer auf den Gnadensee und die »Reiche Aue«! Ein Naturschatz besonderer Art ist für alle die »Maria-Schlucht«. Im Volksmund wird sie Marienschlucht genannt.

Ferienstimmung weckt der einladende Erholungsort Allensbach mit seiner heiteren Kulisse am sonnigen Ufer des Gnadensees. Eine tausendjährige Geschichte erzeugte Traditionsbewußtsein in den Menschen, die hier leben. Für ihre Aufgeschlossenheit gegenüber allem Neuen steht das Institut für Demoskopie, Markenname für vorbildliche Meinungsforschung.

Freundliches Feriendorf Allensbach

Die Marienschlucht

Über grünem Wasser türmt sich steil aufragendes Ufer auf. Vor dem tiefen Schatten riesenhafter Bäume glaubt man sich an andere Küsten versetzt. Alles atmet hier Romantik und Abenteuer. An der kurzen Strecke zwischen Bodman und Wallhausen gibt es mehrere klammartige Schluchten, deren Molasse-Sandsteinwände, aus der Tiefe des Sees kommend,

fast senkrecht aufragen. Doch die Marienschlucht ist die imposanteste. 400 Meter lang und stellenweise nur zwei Meter breit, kann man diesen Tobel über Holztreppen zur Ruine Kargegg und weiter nach Langenrain hinaufsteigen.

Ein kleines Paradies – das Dingelsdorfer Ried

Nur ein paar Gehminuten vom Purren oberhalb von Litzelstetten entfernt ist das Dingelsdorfer Ried. In waldreicher Umgebung öffnet sich dem Wanderer ein kleines Paradies: über stillen Wassern schwirren schillernde Libellen, lassen Frösche ihr Quaken vernehmen, zeigen Enten ihr Familienleben. Manchmal kommt auch ein Graureiher vorbei.

viele Maler haben den Bodensee gemalt. So naturhaft Joseph Mosbrugger Allmannsdorf gesehen hat, so geschmeidig und ruhig liegen die kleinen Seen im Naturschutzgebiet Dingelsdorfer Ried, das man auf dem Bodanrück nicht »links liegen« lassen sollte.

Mosbruggers stimmungsvolle Ansichten sind ein getreues Spiegelbild der Bodenseelandschaft, die schon zu seiner Zeit wegen ihrer malerischen Qualität sehr geschätzt waren.

Joseph Mosbrugger (1810–1869), Landschaft, Blick auf Allmannsdorf. Öl auf Leinwand, 1865. Wessenberggalerie, Konstanz

Vom Bodanrück aus führen wunderschöne Wege zur Insel Mainau. Viele Bilder von den herrlichen Gärten, den in allen Farben leuchtenden Blumen und dem majestätischen Schloss sind wohlbekannt. Auch das Schwedenkreuz neben

der Brücke passiert jeder, der auf die Insel kommt. Aber kennen Sie den Nepomuk, halbversteckt unter tiefhängenden Zweigen einer Weide? Einstmals war er wohl näher an der ursprünglichen Brücke postiert.

Heiliger Johannes von Nepomuk. Insel Mainau. Mitte 18. Jahrhundert

Der böhmische Kleriker (1340–1393) wurde nach seiner Heiligsprechung 1729 zu einer der populärsten Märtyrerfiguren der katholischen Kirche. Der Deutschordenskomtur Jacob Joseph Ignaz Freiherr von Hagenbach (1752–1756) ist der Stifter der Figur.

Die auf einer Bronzesäule der Spätrenaissance angebrachte Kreuzigungsgruppe entstand im Auftrag des Komturs Wernher Schenkh von Stauffenberg (1569–1583). Der heutige Standort erinnert an die schwedische Besatzung der Insel gegen Ende des Dreißigjährigen Krieges (1647), die den Abtransport des wertvollen Kunstgutes wegen technischer Schwierigkeiten aufgab.

Schwedenkreuz. 1577. Brücke zur Insel Mainau

Nördlicher Nebenaltar und Hochaltar. Schloßkapelle St. Marien, Insel Mainau

Nachdem die Pläne von Johann Caspar Bagnato die Zustimmung der Landkommende fanden, wurde 1732 mit dem Neubau der Kirche begonnen. Altäre, Statuen und Kanzel stammen von Joseph Anton Feuchtmayer, das Hochaltargemälde ist von Franz Joseph Spiegler, Francesco Pozzi fertigte die Stuckdekoration.

Die Schlosskapelle der Mainau ist kostbar ausgeschmückt und stellt in ihrer Harmonie eine natürliche Beziehung zum Arboretum dar. Diese Baumriesen – einfach gigantisch!
Im Kontrast zur barocken Pracht der Mainau steht in unmittelbarer Nachbarschaft die Konstanzer Universität – Moderne Baukunst für moderne junge Menschen.

Ein Ort der Ruhe im Herzen der Insel ist das Arboretum. Von Großherzog Ludwig I. zusammengetragen, aus falscher Pietät nach dessen Tod vernachlässigt, wurde dieses wertvolle dendrologische Erbe von Graf Lennart Bernadotte zu einem sehenswerten Park umgestaltet. Hier gingen empfindliche Natur und gestalterischer menschlicher Wille eine gelungene Symbiose ein.

Das Mainau-Arboretum – eine kostbare Sammlung seltener exotischer Gehölze

Universität Konstanz

Am 21. Juni 1966 wurde der Grundstein für die Universität Konstanz auf dem Gießberg gelegt. Die Anlage überrascht immer wieder durch unerwartete Perspektiven.
Op-, Pop- und Land-Art setzen, gemäß der Forderung nach „Kunst am Bau“, zeitgemäße Akzente

Konstanz im Abendlicht

Wer sich Konstanz vom Wasser her nähert, dem bietet sich die Bodensee-Metropole vor abendlichem Himmel in ihrer unverwechselbaren Silhouette mit dem charakteristischen Münsterturm dar. Erst im 19. Jahrhundert erhielt er seinen filigranen Helm. Die Lichterkette an der Seestraße signalisiert Leben, das in der Grenzstadt erst spät am Abend zur Ruhe kommt. Hier, am Ende

des Konstanzer Trichters, verengt sich der See zum Fluß. Er trennt den alten, mittelalterlichen Stadtkern von den rechtsrheinisch gelegenen Bezirken, die die wachsende Bevölkerung aufnehmen. Drei Brücken verbinden sie miteinander.

Konstanz
Zentrum der Euregio Bodensee

Ich bin am Ende meines Spazierganges angekommen. Lassen Sie Ihre Augen ruhen auf Schätzen, an denen wir oft so achtlos vorübergehen, von denen die Stadt jedoch übervoll ist. Gönnen wir uns einen Moment der Musse, der Stille und des Innehaltens. Dabei kommt mir die grosse Bedeutung der Stadt im Mittelalter in den Sinn – damals ohne Frage das Zentrum am Bodensee: Konstanz war der Sitz des grössten Bistums nördlich der Alpen. Konstanzer Bischöfe und Äbte haben mit ihren Kirchen- und Klosterbauten die Landschaft entlang des Rheins geschmückt. Die reichen Zünfte gaben der Handelsmetropole Gewicht und Geltung. Davon zeugen heute noch Domherrenhöfe, Patrizierhäuser, Giebel, Türme, Kirchen, Gassen und natürlich das Münster, von 1414 bis

Figur am ehemaligen Seehotel, Seestraße

Der 1906 von Architekt Jakob Walter als Luxushotel geplante Bau wurde mit zahlreichen Plastiken geschmückt, die noch ganz im Sinne mittelalterlicher Vorstellung in solider Steinmetztechnik ausgeführt wurden.

1418 Tagungsstätte des Konzils, und das Kornhaus, Ort der einzigen Papstwahl auf deutschem Boden 1417. Wie wäre wohl die Geschichte Deutschlands, ja Europas verlaufen, wenn im Jahre 1212 der Bischof von Konstanz die Tore der Stadt nicht Friedrich dem Staufer, sondern Heinrich dem Welfen geöffnet hätte? Das bleibt natürlich eine spekulative Frage. Denken wir deshalb vielmehr an die Gestaltung der Zukunft: Konstanz muss wieder ein Zentrum werden – Zentrum der Euregio Bodensee.

Der phantasievolle Helm besitzt Zierformen im reinen Jugendstil, während das Blendmaßwerk des obersten Turmgeschosses an gotisches Rippenwerk erinnert. Auch am Wohnhaus wiederholen sich dieselben Stilelemente des Eckturmes

Eckturm und Giebel eines Wohnhauses, 1907, Architekt Hans Dahme. Conrad-Gröber-Straße, Konstanz

August Brandes, Zug der Fürstenhochzeit des Herzogs von Brieg. Fresko, 1936. „Hohes Haus", Zollernstraße, Konstanz

1294 erbauten Bischof Heinrich von Klingenberg und sein Bruder Albrecht, Reichsvogt der Bischofsstadt Konstanz, die herrschaftliche, standesgemäße Residenz. Die Geschichte des Hauses mit ihren wechselnden Besitzern ist auch ein Stück weit Geschichte der Stadt Konstanz. Seit 1968 ist darin ein Einrichtungshaus untergebracht.

Der reiche Rahmen, die feinteiligen Profile und die Tendenz zum geraden Türsturz sind Anzeichen der späten Gotik.

Westliche Vorhalle mit Portal, Ende 15. Jahrhundert. Münster Unserer Lieben Frau, Konstanz

Blick vom nördlichen Seitenschiff ins Langhaus. Münster Unserer Lieben Frau. Konstanz

In der Vita des heiligen Gallus wird erstmals eine Marienkirche genannt, die vermutlich mit dem ersten, unter Bischof Gaudentius entstandenen Bau identisch ist. Größere Veränderungen führte dann Bischof Lambert Ende des 10. Jahrhunderts durch. Diese Kirche stürzte aber 1052 ein und machte einen Neubau erforderlich. Bischof Gebhard III. weihte diesen 1098 ein. Einschneidende

bauliche Veränderungen vom
15. bis 19. Jahrhundert prägen
heute das Aussehen der
ehemaligen Bischofskirche.

Krypta. Münster Unserer Lieben Frau, Konstanz. Mehrere Bauabschnitte vom 8. bis 10. Jahrhundert

Aus den Seitenschiffen erreicht man durch Stollen die eigentliche Krypta, einen dreischiffigen Raum, dessen Tonnengewölbe von sechs Säulen getragen werden. Die feuervergoldete Kupferscheibe mit der Majestas Domini, die aus konservatorischen Gründen hier angebracht wurde, gilt als erstrangige Arbeit einer Konstanzer Goldschmiedewerkstatt um 1000.

Die neue Tafel zeigt an, wieviele Kilometer der Pilger noch zu gehen hat, bis er das Ziel seiner Wallfahrt, Compostela in Spanien, erreicht. Der legendäre Begräbnisort des Apostels Jakobus Major war im Mittelalter, neben Jerusalem und Rom, das bedeutendste Pilgerzentrum. Zahlreiche Pilgerstraßen in ganz Europa weisen den Weg nach Santiago de Compostela.

Blick auf das Konstanzer Münster und die Mariensäule von 1682, Pfalzgarten

Orgel auf der Westempore, St. Stephan, Konstanz

Die Orgel der Stephanskirche ist keine einheitliche Schöpfung. Das barocke Gehäuse wurde von Karl Joseph Riepp (1710–1775) geschaffen, der Mittelteil mit den Engeln ist eine Hinzufügung von 1937, das Pfeifenwerk ist 1997 durch die Werkstatt Georges Heintz aus Schiltach neu eingebaut worden.

Der sogenannte Leiner-Saal verdankt seinen Namen dem Konstanzer Apotheker Ludwig Leiner (1830–1901). In dem heute unter Denkmalschutz stehenden Saal sind Dokumente, Bilder und Fundstücke zur prähistorischen Zeit ausgestellt, die der Gründer des Rosgartenmuseums gesammelt hatte.

Historischer Saal, Rosgartenmuseum Konstanz

Haus „Zur Rheinschmiede". 1418 erbaut. Sgraffito von Hans Sauerbruch (1910 – 1996) Stadtteil Niederburg, Konstanz

Noch bis ins 18. Jahrhundert trug jedes Haus in diesem Stadtteil einen eigenen Namen. In Anlehnung an die historischen Bezeichnungen entwickelte sich nach dem Zweiten Weltkrieg eine Dekorationstechnik von Wandbildern und Sgraffiti, die an die alten Häusernamen erinnern.

Auf der hier abgebildeten Rückseite der Goldbulle ist eine symbolische Darstellung von Rom als Haupt der Welt zu sehen. Die Urkunde ist das wichtigste Dokument, durch das der Kaiser den Konstanzer Bürger von der Besteuerung durch den Bischof oder seinen Vogt freispricht. Der Weg von bischöflicher Stadtherrschaft zur bürgerlichen Selbstverwaltung ist damit geebnet.

Goldbulle an der Privilegien-Urkunde Kaiser Heinrichs VI. von 1192 für die Bürger von Konstanz. Rosgartenmuseum

Zum Abschied betrete ich noch einmal das Landratsamt. Ich kann es kaum glauben, dass es 24 Jahre waren, in denen ich dieses Amt verwaltet habe. Schätze gibt es in diesem Hause auch, nämlich all die Menschen, die hier gute Arbeit leisten, und einige Kunstwerke, wie das meines Freundes Robert Seyfried.
Er hat eine wunderschöne Plastik in das Treppenhaus gestellt. Mit typischen Konstanzer Figuren, dem Fischer, dem Winzer, dem Theaterspieler, hat er die Vergangenheit in die Gegenwart geholt und den hier lebenden Menschen ein Denkmal gesetzt. Mit behütender Geste hüllt der Bischof den Landrat, der meine Gesichtszüge trägt, in seinen Mantel.

Das erfüllt mich mit Freude und gibt mir die Zuversicht, dass auch in Zukunft die Schätze in unserer Heimat unter besonderem Schutz stehen.

Das Landratsamt auf dem Benediktinerplatz

Lange Standortdiskussionen, ein städtebaulicher Wettbewerb, der erste Spatenstich 1981; als das neue Landratsamt auf dem Areal des ehemaligen Klosters Petershausen 1984 seiner Bestimmung übergeben werden konnte, waren endlich alle Funktionen eines Landratsamtes unter einem Dach vereinigt, und der Landkreis hatte seinen neuen Mittelpunkt gefunden.

Der Bohlinger Künstler verwirklichte in der vielgestaltigen Skulptur sieben die Stadt Konstanz betreffende Merkmale: Fischer, Weinbauer, Kaufmann, Narr, Bischof, Muse und die Goldhaube der Tracht.

Robert Seyfried (1905 – 1991), Figurensäule, Bronze, 1983/84. Landratsamt Konstanz

Dank am Ende des Buches

Ganz herzlich danke ich allen, die zum Gelingen dieses Buches beigetragen haben.

Mein erster Dank gilt dem Fotografen Otto Kasper und seinem kreativen Team, es war eine Lust, mit ihnen zu arbeiten.

Herzlich danke ich auch Axel Graf Douglas, der die undankbare Aufgabe übernahm, die Fördermittel zu erbitten; allen Spendern und Bestellern danke ich ganz herzlich.

Sehr dankbar bin ich dem Verleger Michael Stadler, der aus seiner unerschöpflichen Erfahrung wertvolle Ideen einbrachte.

Herrn Adolf Vetter verdanke ich viele wertvolle gestalterische Hinweise, Frau Gisela Auchter und Frau Dr. Ursula Wolf die präzisen Texte zu den Bildern.

In fröhlicher Zusammenarbeit mit den genannten Damen und Herren habe ich erfahren, daß zur Herausgabe eines Buches mehr gehört, als einen Text zu schreiben.

Der Verlag dankt für die Förderung dieses Werkes:

Allweiler AG, Radolfzell
Alusuisse Singen GmbH, Singen
Auer Auto- und Motorradhaus GmbH, Stockach
Baden-Württembergische Bank AG, Singen
Badische Beamtenbank eG
Berndt Heiß Automobile GmbH, Konstanz
Bölle Vollmer GmbH & Co. KG, Singen
CGK Computer Gesellschaft Konstanz mbH, Konstanz
Graf Douglas, Axel, Orsingen-Nerzingen
Graf Douglas, Dr. Christoph, Orsingen-Nenzingen
Graf von und zu Bodman, Bodman
Gräfin Douglas, Bergit, Orsingen-Nenzingen
Great Lakes Chemical Konstanz GmbH, Konstanz
Greenland GmbH & Co. KG, Gottmadingen
Heiß, Christof, Konstanz
Industriepark Gottmadingen AG, Gottmadingen
Institut für Demoskopie Allensbach Gesellschaft
zum Studium der öffentlichen Meinung mbH, Allensbach
Kirchhoff und Schleith Straßenbau GmbH & Co. KG, Steißlingen
Kliniken Schmieder, Gailingen
Markgraf, Horste, Konstanz
Markgraf von Baden, Salem
Mattes, Willy, Singen
Mayer, Edelbert, Orsingen-Nenzingen
Meichle & Mohr GmbH, Immenstaad
Möbius Arthur Inh. Wolfgang Rolle, Konstanz
Mühlherr - Wagner GmbH, Stockach
Müller, Armin, Eigeltingen
Nagel, Gerda, Stockach
Okle GmbH, Singen
Pfitzenmaier, Prof. Dr. Norbert, Singen
Philipp Blum GmbH, Konstanz
Schiesser AG, Radolfzell
Schotterwerk Bihler GmbH, Eigeltingen
SH Sico Handelsgesellschaft Herbert Schenk mbH & Co. KG, Konstanz
Siemens ElectroCom GmbH, Konstanz
Spar- und Kreditbank Bodman eG, Bodman-Ludwigshafen
Stadtwerke Konstanz, Konstanz
Stengele, Wolfgang, Konstanz
Stiegeler, Alexander, Konstanz
Storck, Dr. Axel, Konstanz
Südkurier GmbH, Konstanz
TRW Fahrzeugelektrik GmbH & Co. KG, Radolfzell
Volksbank Konstanz-Radolfzell eG, Konstanz-Radolfzell
Volksbank Singen eG, Singen
Volksbank Überlingen eG, Überlingen
Wolfgang Denzel GmbH, Singen
Zahn, Kurt, Konstanz
Ziwey, Franz, Stockach

Verlag, Vertrieb und Produktion:
Stadler Verlagsgesellschaft mbH 1998
78467 Konstanz, Max-Stromeyer-Str. 172

Gestaltung: Horst Schroff
Redaktion und Bildauswahl: Adolf Vetter
Lektorat: Gisela Auchter

Printed in Germany

ISBN 3-7977-0375-9